MUJERES DE LAS
REVOLUCIONES

ETTA FEDERN

ESTEL NEGRE
21

CALUMNIA
2025

Legu, kopiu, diskonigu, reverku,
kantu, muzikigu, kriu, recitu
ĉi libron. Diskonigu la Ideon!

Llegiu, copieu, difoneu, reescriviu
canteu, musiqueu, crideu, reciteu,
aquest llibre. Difoneu la Idea!

Volgueren enterrar-nos,
no sabien que érem llavor!

MUJERES DE LAS REVOLUCIONES | 2025
Texto: Etta Federn
Mujeres Libres, 1938.
Edición: Jordi Maiz | Raúl Montilla

Calumnia Edicions | Serra de Tramuntana (Mallorca)
info@calumnia-edicions.net | @calumniaeditor
Colección «Estel Negre», n. 21, 10 x 15cm, 109 p.

1ª edición | noviembre 2025
ISBN: 978-84-129699-9-3
DL: PM 00853-2025

MUJERES DE LAS
REVOLUCIONES

INTRODUCCIÓN

Mujeres de las revoluciones. Para comprender lo que esto quiere decir, tenemos que darnos cuenta de lo que es una Revolución. No nos contentaremos con la definición espiritual, pero poco profundizada, del gran escritor alemán Hebbel, que dijo que las revoluciones son fiebres de los pueblos de las cuales se mueren los soberanos. Preferimos decir que la Revolución es una evolución acelerada. Es una equivocación creer que una revolución se hace únicamente por luchas y batallas en las calles, por derramamientos de sangre, por actuaciones terroristas y por toda clase de violencias. Las revoluciones se efectúan también en sentido intelectual y espiritual.

Hombres y mujeres que nos hacen ver y comprender nuevos problemas que no encontrarán sus soluciones hasta más tarde, en actividades palpables, son revolucionarios y engendran una revolución espiritual e intelectual antes o mientras que la revolución sea una realidad. Jean Jacques Rousseau, al escribir el *Contrato Social*, fue el primer promotor de la Revolución francesa, a pesar de que murió mucho antes de que ésta empezara.

Algunos escritores rusos —Dostoievski, Tolstói y Gorky— han tenido más influencia en la Revolución rusa que Lenin, Trotsky y Balabanova mismos, y podemos decir que la Revolución española que actualmente vivimos, fue engendrada por muchos escritores, españoles y extranjeros, entre los cuales un hombre como el príncipe Kropotkin tiene un lugar preeminente. Y, sin embargo, ni Carlos Marx ni Rousseau, ni tantos otros revolucionarios de nombre y fama han luchado en las calles, y si han sufrido persecuciones y si se han expuesto a peligros, lo han hecho únicamente en sus actividades intelectuales, en su valor intelectual que más de una vez no corresponde a su valor.

No extrañará a los lectores de estas páginas, que aquí se trate también de mujeres que nunca han tomado parte personal en ninguna lucha revolucionaria, que nunca se han expuesto a peligros materiales. Pero todas éstas de las que vamos a hablar han tenido una influencia grande en la formación de los problemas de su época, han determinado progresos en la manera de pensar y juzgar, han dado lugar a nuevos puntos de vista, y han sido engendradoras de revoluciones, acelerando el paso de la evolución.

No será completo el número de las mujeres de las Revoluciones, ni podremos decir que se trate de una selección por categorías. Las hemos escogido bastante voluntariamente, tratando de dar en ellas y en sus características una impresión bastante completa de todas las actividades revolucionarias de las mujeres de los diferentes países y de las distintas épocas. Y veremos que todas estas mujeres, o casi todas, a pesar de sus tan variadas actividades, de sus tan diferentes posiciones sociales, han tenido en común un rasgo característico que es el que menos se busca en ellas, el de la profunda feminidad y maternidad.

Es una equivocación tan generalizada como grande creer que las actividades intelectuales y espirituales maten al carácter femenil y maternal en la mujer. Lo contrario es más cierto. La ocupación que profundiza en los ideales de la vida da más ternura, más cariño, más sensibilidad y generosidad a la mujer que la preocupación vulgar de los asuntos materiales, del bienestar físico y egoísta del propio «yo» extendido al sentimiento familiar.

La mujer más idealista tendrá que ser necesariamente también la más femenil y más maternal.

INGA
NALBANDIAN

Nació en Copenhague. Era bisnieta del consejero de Estado Colin, que tuvo una influencia muy grande en la vida de unos cuantos poetas de fama mundial, de Hebbel y de Andersen.

Su niñez estuvo dominada y fue enriquecida por los cuentos y los recuerdos de este poeta danés que tanto quería a los niños y que tan bien les comprendía y escribía para ellos.

Inteligente y observadora, pronto se dio cuenta de la antigüedad en el juicio de sus familiares sobre el poeta tan admirado y querido por ella; ante el mundo, se vanagloriaban de su amistad; en el círculo íntimo de la familia, se burlaban y se reían de sus rarezas. Se puede decir que este doble juicio, hiriendo el afán tan grande de justicia en aquella niña, despertó su rebeldía. Se alejó interiormente de su familia cada vez más y buscó la posibilidad de desarrollarse intelectualmente, independiente de la tradición familiar y de la atmósfera de la casa patricia, en la cual vivía.

En la universidad conoció a un joven armenio, estudiante adelantado, que había venido para conocer los métodos más modernos de la enseñanza y educación. Era el jefe de la Inspección Escolar de Turquía. La joven Inga se casó con él y le siguió a Estambul, volviendo solamente de vez en cuando a su casa paterna.

Antes de que estallara la Guerra Europea, había dado a luz a su cuarto hijito, que por causa de las dificultades del viaje y de los peligros de la guerra, dejó con una hermanita mayor en casa de sus padres, mientras ella, acompañada de sus dos hijitos, de seis y cuatro años, siguió a su esposo.

Los turcos habían tomado la Gran Guerra Europea por excusa para repetir sus ya acostumbradas matanzas de los armenios. Los armenios, como cristianos y por sus instintos más cultos y su civilización más adelantada, habían despertado el odio y la envidia de aquéllos bajo cuyo dominio estaban. Las delegaciones alemanas, militares y civiles no se opusieron en nada a la crueldad brutal e infame de los turcos. Y las misiones inglesas y francesas, que antes de la Gran Guerra habían hecho todo lo posible para impedir las violencias contra los armenios, habían perdido toda influencia o habían sido arrolladas también con sus protegidos.

Las crueldades cometidas no se pueden describir. Poblaciones enteras fueron conducidas en caravana al desierto para que perecieran de hambre y sed. Pueblos íntegros en hileras, fueron llevados a barrancos y por ellos eran despeñados. Otras poblaciones fueron exterminadas ahogando a todos sus habitantes en los ríos. Las personalidades destacadas, con posiciones importantes dentro del Imperio turco, fueron detenidas y torturadas en la cárcel. Toda la familia del esposo de la joven danesa, ya había sido exterminada. Vivían sólo él y sus dos hijos. Inga Nalbandian envió a sus dos hijos, de seis y ocho años, en el tren expreso del Oriente, ocultamente, como hijos de un revisor alemán, a Berlín, donde la abuela los recogió. El esposo había caído enfermo, y tan gravemente, que ya no había esperanza. Inga Nalbandian tuvo que contemplar la muerte natural de su esposo querido.

Una hora después que expiró, llegaba la policía turca para detenerle, y para cerciorarse de que no simulaba la muerte, le atravesaron el cuerpo con sus sables. La viuda se acogió inmediatamente a la protección del consulado alemán y danés, y así consiguió salir de Estambul, donde tanto había sufrido contemplando los sufrimientos de los demás.

Después de la Gran Guerra, Inga se fue a Ginebra, a la Sociedad de Naciones, para luchar por los derechos del escaso número de armenios supervivientes.

Luchó durante años por la libertad de los armenios y volvió desanimada a su casa, por no haber conseguido bastante para los compatriotas de su esposo muerto. Escribió tres tomos de novelitas emocionantes, sobre los acontecimientos en la Armenia turca durante la Gran Guerra. A pesar de que estas novelitas estaban escritas en danés, fue acusada de alta traición en Turquía y condenada a muerte mientras estaba ausente.

Las dificultades materiales, junto con los terribles sufrimientos mentales y anímicos, mataron demasiado pronto a Inga Nalbandian, que murió hace ocho años en el hospital de su hermano en Copenhague.

Había vivido sola con sus cuatro hijos, en una unión íntima, en una profunda amistad, pero el agotamiento físico y la muerte no tomó en consideración la profunda maternidad de esta mujer. Fue separada de ellos antes de haber podido acabar su educación.

No solamente ellos la lloraron, sino todos los armenios, que decían haber perdido a «la madre de todos».

MADAME ROLAND

Nació en 1754. Tuvo una juventud dura, debido a que su padre había perdido todo su capital, por propia culpa, como lo manifiesta su hija en sus Memorias, y por fin se separó de él, entrando en un convento como pensionada, no como monja. Vivía allí una vida escasa, llena de privaciones, pero tenía la posibilidad de dedicarse a sus estudios, y a sus inclinaciones literarias.

Un oficial del Estado, Juan María Roland de la Platière, que tenía veinte años más que ella, había pedido su mano, pero su padre, egoísta y sin ninguna consideración para su hija, lo había rechazado de manera brutal.

Había él reiterado su petición, y la joven, explicándole su situación económica, tan estrecha, y sus relaciones familiares tan poco satisfactorias, le había dado el consejo amistoso de retirarla. Sin embargo, después de unos cuantos años de amistad intelectual, basada en el intercambio de manuscritos filosóficos y en la compenetración mutua, literaria y espiritual, se llevó a cabo el matrimonio.

Esta vida matrimonial, a pesar de tener como fruto una hija muy querida por los dos, no era ni muy amorosa ni muy apasionada. La mujer, la parte más activa e inteligente de los dos, sufría por la preponderancia de su marido, aumentada por la gran diferencia de edad. Sin embargo, se convirtió en su secretaria y colaboradora, y raramente en sus *Memorias* deja entrever veladamente que era ella no solamente la colaboradora, sino la inspiradora de las obras que firmaba su esposo; hasta las cartas que el ministro Roland dirigía al rey, estaban escritas por ella, sin que él tomara más parte que la de firmarlas.

Roland y su mujer tenían un papel preeminente entre los girondinos, partido burgués político que había querido la Revolución sólo para transformar la monarquía absoluta en una monarquía constitucional, y para fundar el Gobierno burgués y el sistema político burgués que diera toda la preponderancia a los ricos, a los «propietarios». Madame Roland, imbuida de ideas y conocimientos de la filosofía griega antigua y de los escritores romanos, creía en la posibilidad de una República según las ideas de Platón, gobernada por los filósofos, sabios y poetas. La cultura intelectual y espiritual le parecía el único fundamento seguro para un gobierno de una república. No se dio cuenta —y no podía dársela, debido a su educación y sus puntos de vista filosóficos, alejados de la vida del pueblo— de que la finalidad de toda revolución tiene que ser la de dar la cultura y la posibilidad de adquirirla a las masas del pueblo, que después, se la adaptarán y la transformarán según sus propias necesidades. Estaba convencida de que el pueblo podía sentirse satisfecho sabiéndose dirigido por filósofos, en lugar de ser tiranizado por un rey.

Censurándose a sí misma con toda severidad, y sabiéndose responsable por todas sus acciones y pensamientos, creía esta mujer extraordinaria que el pueblo, las masas, comprenderían su valor y tendrían confianza en ella. Su contacto personal con el pueblo siempre le había dado la sensación de estar rodeada de simpatía y confianza y no pensaba, por ser modesta y bondadosa, que esto era la consecuencia de su propia personalidad y que no era un hecho general. Comprendía que su esposo, menos amable, menos conciliador y menos inteligente, no tenía este don, pero pensaba que todos comprenderían la rectitud absoluta que se ocultaba bajo esta aparente frialdad. Y como no lo amaba, pero sí le respetaba, puso en su defensa más intensidad aún de la que tal vez hubiera desarrollado si su vida matrimonial le hubiera proporcionado más felicidad.

Y como, para ella misma, los bienes materiales tenían muy poca importancia y sabía con tanta facilidad renunciar a todo, no podía comprender el valor que tenía el bienestar material para las multitudes. Vivía en la equivocación tan generalizada de que lo que no tenía valor para ella, no lo podía tener para nadie, y otra equivocación la dominaba: lo que ella abandonaba con tanta facilidad después de haberlo poseído y gozado, le parecía sin valor y sin atracción y sin interés para los que nunca habían podido disfrutar de una vida agradable. Y como ella repartía entre los menos bien situados todo lo que no era indispensable para ella misma, creía que esta actividad benéfica era general entre los favorecidos por la vida. Y no era bastante psicóloga para comprender que la masa tiene su orgullo y rehúsa la beneficencia humillante.

Estas equivocaciones suyas tal vez no aparezcan bastante graves para tener que pagarlas con la vida: sin embargo, era la consecuencia inevitable de la equivocación política y humana hecha por Jeane Marie Roland de la Platière, hija de Philippon.

Los girondinos, burgueses y «propietarios» —lo que quiere decir, en buena situación económica— actuaban como contrarrevolucionarios, sosteniendo el inviolable derecho de la propiedad y despreciando al pueblo de París, a la masa de los «descamisados», a la burguesía campesina y ciudadana sin posesión ninguna de entonces, que corresponde al proletariado de hoy.

Eran los enemigos mortales de los jacobinos, y de los montañeses, como se llamaban los partidos revolucionarios en la

Convención de París. Y en esta lucha entre los dos partidos, entre los burgueses y los populares, tenía que sucumbir uno de los dos. Aún era bastante fuerte el empuje revolucionario para que fueran vencidos los girondinos. Cayeron en la sublevación del 31 de mayo del año 1793. Madame Roland fue encarcelada, y con ella 22 girondinos de los más destacados. Su marido no estaba entre ellos. Se encontraba escondido y probablemente colaboraba con otros fugitivos de su partido, en el ensayo de sublevar los departamentos (regiones) contra París, que parecía a los girondinos el centro de la depravación moral y el nido de todos los crímenes terroristas.

Madame Roland estaba convencida y los otros girondinos lo proclamaban, porque pertenecía a su credo político, que Marat, Danton, Hébert y los suyos, eran los hombres más criminales y provocaban motines solamente por el placer de hacer daño. Madame Roland, aprovechó su permanencia de seis meses en la cárcel para escribir sus memorias, que pertenecen a la más interesante literatura femenina. Fueron escritas con doble finalidad: querían defender a Roland y a los girondinos y acusar a sus enemigos, y al mismo tiempo, deshacer una sospecha sobre su esposo Roland, que ya era más que sospecha, era convicción. Se trataba del cariño pasional que Madame Roland tenía para Buzot, otro de los girondinos. Nunca habla de esta pasión suya. Se puede entrever solamente entre líneas. Y se siente la abnegación de su propia naturaleza, que el callar sus propios sentimientos representa para un carácter tan franco y generoso como el suyo.

El 8 de noviembre del mismo año fue decapitada por la guillotina. Con el or-

gullo innato en ella, había dicho al Tribunal que la condenaba a muerte, que
les agradecía el honor que ellos le hacían,
permitiéndola compartir el destino de
tantos hombres admirados por ella; en
sus últimos momentos, antes de subir al
cadalso, pidió un papel y una pluma para
apuntar los pensamientos extraños y
profundos que en aquellos momentos la
asaltaban. Sus últimas cartas, dirigidas a
su hija y a su criada y a las personas que
se cuidaban de su hija, son de una senci-
llez emocionante.

Un financiero girondino, Lamarche,
tenía que morir con ella. El orden del día
preveía que ella tenía que ser guillotina-
da primero. Dándose cuenta de la debili-
dad de su compañero en su última hora,
rogó al verdugo Sanson el último favor
de alterar el orden y ejecutarle a él primero para que no viera la sangre de ella.

El último acto de esta mujer revolucionaria, y no bastante revolucionaria, fue de abnegación y caridad.

La Revolución tenía que matarla porque Madame Roland no comprendía las últimas finalidades de ésta. Es el destino trágico de los revolucionarios entusiastas y convencidos, que no saben ir bastante lejos en sus pensamientos y conceptos revolucionarios. Los que no van más allá de las primeras etapas de una revolución, los que no saben concebir el desarrollo venidero, tienen que ser y serán las eternas víctimas de sus propias convicciones e ideas.

CARLOTA CORDAY

Entre las mujeres de la revolución francesa, promotoras o víctimas de ella, siempre se menciona a Carlota Corday, y todos los historiadores burgueses —y, con pocas excepciones, todos los historiadores de la Revolución francesa han sido burgueses— le han dado una aureola de mujer heroica porque, según ellos, había cumplido la acción gigantesca de asesinar a Marat, el amigo del pueblo, que, otra vez según ellos, fue el hombre más feroz y criminal de todos los revolucionarios de la Revolución francesa.

El príncipe Pedro Kropotkin nos dibuja a Marat de una manera completamente diferente, y el apelativo, ya mencionado, de «el amigo del pueblo», tampoco nos deja ver un hombre feroz ni brutal. Es cierto que ningún revolucionario francamente convencido de sus ideas, y de la necesidad de la lucha por ellas, podrá evitar toda acción feroz o cruel, pero sabemos que los mismos revolucionarios convencidos y tenaces, al lado de sus actividades terroristas, impuestas por la necesidad del momento, tienen otra de una ternura casi infantil o femenina. Y parece que Marat fue un tipo de esta clase. Ciertamente que pidió la muerte del rey y de la reina de Francia, aún más peligrosa ella que su esposo, pero esto era inevitable si se quería alcanzar el nuevo orden del Estado, si se quería obtener la victoria sobre la aristocracia feudal y realista, y si se querían otorgar los derechos humanos, los principios de la Igualdad a todos los habitantes de Francia, tanto a los campesinos como a los ciudadanos.

Carlota Corday, pertenecía a una familia aristocrática de Bretaña y tenía relaciones personales con los girondinos, partido burgués entre los revolucionarios franceses, que quería mantener por todos los medios, una supremacía propia, por encima de todos los demás partidos. Los historiadores burgueses han querido hacer una convencida republicana de Carlota Corday, basándose en una sentencia suya cuando se negó a beber en un brindis al rey, diciendo que ella sería republicana si los franceses llegaran a merecer una República. Este juicio antipopular lo hemos oído casi en las mismas palabras de tantos derechistas y conservadores en todos los países que en los últimos veinte años se han transformado de reinos o imperios en repúblicas o seudorrepúblicas, que no nos convence mucho del espíritu republicano de aquella heroína de la Revolución.

Parece que había todo un complot en la Bretaña para asesinar a las personalidades más destacadas entre los revolucionarios franceses de la Montaña, como se llamaba al partido más avanzado, por ocupar los asientos más elevados en la sala de la Convención Nacional.

Carlota Corday se trasladó de Caen a París para asesinar a Marat en la fiesta conmemorativa del 14 de julio, día de la toma de la Bastilla. Aquella fiesta fue aplazada. Marat estaba gravemente enfermo desde hacía meses. Carlota Corday le escribió una carta pidiendo su ayuda por ser una mujer desgraciada y abandonada, y como no recibiera contestación, repitió su petición apoyándose en la reconocida bondad de Marat.

La mujer de Marat, Catalina Evrard, quiso negarle la entrada: Marat se encontraba en un baño cubierto, escribiendo para su periódico en una mesita que tenía colocada encima del baño. Carlota Corday llevaba escondido un puñal en su pañoleta: Se acercó al enfermo, entregándole un billete en el que pedía ayuda, y al mismo tiempo le hirió en el pecho con tanto acierto que Marat expiró inmediatamente.

La condujeron a la cárcel y la guillotinaron poco después. Su muerte en el cadalso no parece una expiación adecuada a este asesinato que trajo como consecuencia el asesinato de tantos revolucionarios: la muerte de Danton, de Desmoulins, de Hébert, y de tantos más, que no hubieran sido posibles sin la muerte anterior del amigo del pueblo, Marat, causada por la mano de una mujer girondina o realista, admirada profunda pero calladamente por la girondina Madame Roland.

ELEN
KEY

Era sueca y maestra de primera enseñanza. Nunca se casó. Nunca tuvo un hijo. Llevó una existencia burguesa y acomodada. Y, sin embargo, ha sido una revolucionaria de primer orden.

Durante muchos años había observado la educación de los niños de su país, que siempre había sido uno de los más progresistas de Europa, y se había horrorizado de lo observado. Por mucho tiempo observó constantemente a las familias de este país tan adelantado, y siempre se horrorizaba de la situación impuesta a la mujer. Y después de unos cuantos ensayos literarios de escasa importancia, publicó un libro que provocó un gran revuelo en toda la Europa Central y Occidental. Este libro se llama *Las capacidades mal empleadas de la mujer*. Explica en él cuánta inteligencia productiva de mujer quedaba sin cultivo, ¡cuánta inteligencia malgastada en trabajos inferiores, que podían realizarse con mucha menos intelectualidad! Expone también que las costumbres sexuales y matrimoniales no representaban otra cosa que un abuso legalizado de la mujer, y en una época en la cual el feminismo no era más que un pasatiempo para las mujeres burguesas desocupadas, colocó la cuestión de los derechos y deberes de la mujer en un nivel completamente distinto del que hasta entonces había tenido, que eliminaba la parte social de la cuestión. La contestación unánime de toda la burguesía de entonces, incluyendo a los intelectuales, fue la de ridiculizar a la «solterona» que se preocupaba de los asuntos sexuales. También el gran escritor sueco Strindberg, enemigo implacable de la mujer, se burló de ella en una gran novela social suya, que representaba en forma magistral los aspectos sociales de su país y de su época.

A pesar de que todos se reían de Elen Key, su libro fue traducido a diferentes idiomas europeos, e hizo un gran efecto, despertando ideas en hombres y mujeres que hasta entonces nunca se habían dado cuenta de los problemas más cercanos y más apremiantes de su vida íntima.

Sin dejarse intimidar por la oposición tan fuerte como poco merecida que se hacía a su obra, Elen Key escribió y publicó otro libro titulado: *El siglo del Niño*. Este libro ofendía aún más que el primero los sentimientos de los reaccionarios de todos los países. Era ni más ni menos que una crítica severísima de todas las costumbres y de todos los derechos consuetudinarios de los padres y de los educadores de los niños.

El castigo, el premio, el mimo y la explotación, la incomprensión y el descuido tan generales, eran descritos de manera despiadada. Y ya sabemos que los pecados cometidos contra los niños, son los más divulgados y los más queridos por todos. Se reavivó la tormenta contra la «solterona» que se permitía censurar la educación dada a los niños. No le sirvió de nada referirse a su experiencia de tantos años de maestra: todos se volvieron contra ella. Las críticas en los periódicos, y las censuras personales eran tan malévolas como estúpidas.

Sin embargo, otra vez fue traducido su libro en más idiomas europeos aún que el primero. Y todos los progresistas en las cuestiones pedagógicas, seguían la trayectoria que Elen Key marcaba en su libro, mientras que los reaccionarios la hacían objeto de sus persecuciones.

Era una época en la cual en la Europa Central se fundaban muchas sociedades pedagógicas, y se trabajaba mucho para reformar y modernizar la enseñanza y la educación. Se hizo costumbre casi general invitar a Elen Key a todas las inauguraciones de estas nuevas sociedades pedagógicas y reformadoras.

Cuando en Alemania se formó la Sociedad de Ayuda para apoyar a las madres no casadas, Elen Key dio la conferencia en el primer mitin. Cuando se reunieron maestros y pedagogos modernos para celebrar un acto en favor de Ferrer y

Guardia, Elen Key habló, explicando los métodos del gran pedagogo español.

Los viajes y estas actividades propagandistas, impedían sus trabajos literarios. Su cara bondadosa, su voz suave no obstante su vejez, su elocución a pesar de que siempre tenía que expresarse en idiomas extranjeros, eran como algo indispensable en todos los mítines y en todas las reuniones de casi toda la Europa.

Sus amigos íntimos le daban el apodo cariñoso, que ella aceptaba en broma, de «abuelita de Europa», y este calificativo caracteriza a esta gran revolucionaria intelectual mucho mejor que todas las censuras reaccionarias podían hacerlo.

La bondad y el cariño, la compasión para con todos los perseguidos e incomprendidos, habían hecho revolucionaria a la vieja maestra sueca.

ROSA
LUXEMBURG

Nació en la Polonia rusa en el año 70 del siglo pasado. Desde muy joven se dedicó a trabajos en el partido socialista ruso y fue perseguida por esto, por lo que huyó a Alemania. Para evitar allí persecuciones policíacas que hubieran terminado con su expulsión, se casó con un súbdito alemán, como lo han hecho tantas otras revolucionarias rusas, entre ellas la famosa y gran matemática Sonia Kovalévskaya.

Continuó en Alemania con su propaganda partidaria y con trabajos de organización, siendo la mujer más odiada por las autoridades del Imperio alemán, conocida en todo el país bajo el nombre de la «Rosa roja», y convertida en blanco de las burlas baratas de toda la Prensa.

Mujer excepcionalmente inteligente, estaba tan convencida de las doctrinas de Marx, que también proclamaba en todos los mítines la doctrina de la necesidad de la miseria para formar el espíritu revolucionario.

Tan fanática era en esto, que no quería aceptar las normas de la eugenesia, y se negó rotundamente a abogar por los medios anticoncepcionales en los círculos del proletariado alemán.

Su lucha con las autoridades alemanas, imperialistas y militaristas, la llevó más de una vez ante los Tribunales, y los reportajes sobre las vistas de estas causas eran la lectura preferida de la burguesía, que gozaba con las salidas inteligentes y agudas de la procesada.

Su propaganda antimilitarista pareció tan peligrosa a las autoridades, que al principio de la Gran Guerra detuvieron a Rosa Luxemburg, y permaneció más de un año en la cárcel. Sus cartas, dirigidas desde allí a sus amigos íntimos, Carlos Liebknecht y su esposa Sonja, son emocionantes y demuestran un talento literario excepcional.

Los aficionados a la literatura tendrían que sentir que Rosa Luxemburg dedicara este talento solamente a folletos y manifiestos políticos.

¡Hay un espíritu tan lírico en estas cartas!, un sentimiento femenino tan íntimo, que parece imposible creer a la escritora de estas líneas una propagandista y luchadora tan vehemente.

Y el cariño que la revolucionaria sentía para los hijos de este matrimonio, nos descubre un sentimiento maternal nunca satisfecho por no haber tenido nunca hijos propios.

Después de su salida de la cárcel, era vigilada por la policía, tan estrechamente, que la imposibilitaban casi toda actividad. Su amigo y compañero de lucha Liebknecht, había sido detenido entre tanto y esta falta de apoyo también paralizaba en parte sus esfuerzos.

Al final de la Guerra Europea, cuando estalló la llamada Revolución alemana, vino la época de gran trabajo y eficacia para Rosa Luxemburg. Ella y Liebknecht se separaron de los socialdemócratas independientes a los cuales habían pertenecido hasta entonces —independientes se llamó el grupo por no haber votado en pro de los créditos de la guerra como lo hacían los socialdemócratas, que olvidaban completamente la idea de la Internacional, sintiéndose patriotas alemanes— y fundaron la Liga de Espartacus. Las ideas de esta Liga iban mucho más lejos que las de los socialdemócratas. No eran reformistas como éstos, sino revolucionarios, naturalmente en sentido marxista.

Los socialdemócratas, que entonces tenían el Gobierno, y que no sabían cómo aprovechar su situación privilegiada en bien de la clase obrera, no tenían otro interés que guardar el orden social anterior todo lo que les era posible. Pensaban mantener el Imperio solamente bajo otro emperador, y estaban horrorizados por la proclamación de la República, se asustaban y perdían la cabeza por completo, observando los movimientos populares que les arrastraban consigo.

La Liga de Espartacus, exigía la revolución social: estaba decidida a acabar con los capitales, con las grandes fincas de los terratenientes nobles prusianos, con los bancos y con los grandes almacenes y, especialmente, querían acabar por completo con el militarismo alemán.

A Ebert, primer presidente de Alemania, y a Noske no se les ocurrió hacer otra cosa que llamar a los militares para que les ayudaran a reprimir este movimiento popular que les amenazaba a todos. Y los militares, estaban muy dispuestos a acudir en su ayuda; sabían muy bien que éste era el medio de volver a su situación privilegiada, amenazada por una República socialista. Se formaron guerrillas en las cuales los jóvenes oficiales del anterior ejército, los estudiantes nacionalistas, la juventud burguesa y aristócrata, entraban con todo el entusiasmo. La Socialdemocracia había dado la consigna de que los obreros socialistas se abstuvieran por completo del servicio en las guerrillas. Así, estos obreros, secuaces de Liebknecht y Luxemburg, junto con sus líderes, estaban entregados a sus enemigos más encarnizados, que les odiaban ya de antemano.

Es una verdad, no bastante divulgada, que los burgueses ricos de un país, a pesar de ser nacionalistas y patriotas, siempre se sienten más unidos con los burgueses ricos del país enemigo que con la clase obrera del propio. Los «enemigos» de la otra nación pueden ser sus aliados de mañana: la clase obrera siempre será enemiga de los explotadores.

Los guerrilleros imperaban en Berlín, como en todas las ciudades de Alemania, y su reino era acompañado de todas las crueldades y de salvajismos de toda clase. Entre sus actos más salvajes, cuenta el asesinato de estos dos caudillos de la Liga de Espartacus.

Fueron detenidos, llevados al cuartel general de los oficiales, en uno de los mejores hoteles de Berlín. Los oficiales militares formaron una especie de Tribunal, muy poco legal. Fueron apaleados y maltratados los dos detenidos, de manera brutal, y después asesinados en el parque de la ciudad de Berlín, adonde los condujeron bajo el pretexto de entregarlos a la cárcel oficial.

El cadáver de Liebknecht fue entregado el mismo día al depósito de la policía, explicando que se le había matado según la ley de fugas. El cadáver de Rosa Luxemburg se encontró semanas más tarde en la calefacción central del hotel. Los periódicos habían publicado que la multitud, la gentuza de la calle, le había aplicado la ley de Lynch. Esta mentira fue divulgada por los oficiales por vergüenza de haber asesinado a una mujer.

En el desarrollo que tomó el sentimiento nacional y patriota alemán en los siguientes años, el pudor de maltratar y asesinar a mujeres, desapareció por completo, y los «nazis» de hoy no hacen diferencia ninguna entre hombre, mujer, niño o anciano, si éstos pertenecen a los odiados «rojos», que, para ellos, todos son judíos, por ser, según ellos, de raza inferior.

VERA FIGNER

Nació en el año 1852 en Rusia, en la región de Kazán. Pertenecía a una familia aristocrática y tenía cinco hermanos, tres de los cuales tomaron parte directa e indirecta en los movimientos revolucionarios rusos.

Es rasgo característico de la Revolución rusa, o mejor dicho, de todos los movimientos revolucionarios en Rusia, el que sus promotores pertenecieran a la aristocracia o a la burguesía intelectual y liberal, que se separaban de su ambiente y salían, según el término técnico, «al pueblo». Estas juventudes aristocráticas e intelectuales estudiaban en las universidades, se preparaban para la carrera de maestros o de médicos y buscaban colocaciones mal o no retribuidas en los pueblos pertenecientes a las fincas de los grandes terratenientes, y se cuidaban del trabajo aclarador entre estos campesinos explotados, borrachos y analfabetos, sin las más mínimas nociones de cultura y de ideas.

La mayoría de los revolucionarios que se sacrificaban en estos trabajos, peligrosos y poco agradecidos, eran mujeres, pero también hombres tomaban parte en el movimiento «al pueblo». El trabajo resultaba peligroso, porque era perseguido por los terratenientes y por los popes de la Iglesia y también por los rufianes del pueblo mismo. Además, estas jóvenes aristócratas tenían que cambiar de nombre, por lo que eran perseguidas. Vivían en una miseria personal no menos grande que la de sus alumnos y de su ambiente elegido.

El sistema feudal en Rusia, como en las demás partes del Mundo, no puede existir sin la ignorancia, la incultura y miseria del pueblo. Por eso el mero hecho de repartir conocimientos y nociones culturales entre la población, ya representaba un ensayo de perturbar el orden del Estado, del cual decían los que más se beneficiaban de él que estaba determinado por la voluntad divina.

Se comprende que tras un paso dado, siguiera otro. Contemplando tan de cerca la miseria del pueblo, siendo testigo involuntario de tantos atropellos y crueldades cometidos con los pobres campesinos, viéndoles azotar con el «knut» (látigo ruso de nueve correas con pequeños trozos de plomo en los extremos de éstas), por las pequeñas faltas o solamente por el mal humor del dueño, se sublevaba su espíritu y comprendían la necesidad de la acción directa.

Los muchos atentados personales, la gran cantidad de asesinatos de que nos habla la historia revolucionaria de Rusia, son pruebas del efecto excitador de la vida en los pueblos.

También Vera Figner se vio arrastrada a la colaboración en atentados personales contra el Zar. Atentados que no tuvieron éxito y a consecuencia de los cuales eran recluidos los conspiradores en la cárcel.

Vera Figner, ya en prisión preventiva, tuvo que pasar por la experiencia más triste para un revolucionario: la de verse traicionada por miembros de la conspiración en los cuales había tenido toda la confianza. Y no sólo un traidor había existido entre ellos. Una gran parte de los colaboradores de esta mujer excepcional, asustados por la detención de la misma como consecuencia de la traición de uno de ellos, renegaron de todo su pasado. La lectura de los autos judiciales hizo una impresión tan grande en Vera Figner —que entonces tenía 33 años—, que deseó la muerte y tomó la decisión de morir. Sin embargo, sentía con toda intensidad el deber de vivir y de proclamar públicamente delante del Tribunal, en la vista de su causa, sus propios puntos de vista y su confesión revolucionaria.

La condena a la última pena no la asustó tanto como la conmutación en cadena perpetua en el Castillo Schlüsselburg.

Veinticinco años permaneció en la cárcel.

Durante veinticinco años vivió recluida y privada de toda comunicación con las personas. La descripción de esta vida en la cárcel, que se encuentra en sus *Memo-*

rias, es un documento humano tan emocionante, que solamente los recuerdos de
Alejandro Berkman, de su estancia en las
cárceles americanas, producen la impresión de esta obra.

Tal vez más emocionante aún es la descripción de su vuelta a la vida humana,
después de haber sido liberada por la Revolución del año 5.

Como un paralítico curado aprende a
moverse, paso a paso y grado por grado,
así tenía Vera Figner que aprender a vivir
de nuevo. Oír pasos, acercarse a su habi-
tación, la emocionaba tanto, que pro-
ducía ataques nerviosos a esta mujer de
tan poderosa voluntad, de tanto dominio
sobre sí misma.

Entre las obras más humanitarias de la
Revolución rusa del 17, resplandece la
casa fundada como Hogar acogedor para

los revolucionarios viejos. Vera Figner era un habitante de este Hogar, junto con los pocos colaboradores de sus actividades revolucionarias que tuvieron la dicha de ver la Revolución victoriosa del año 17.

ANGÉLICA
BALABANOFF

Rudolph Rocker dijo una vez que nunca se había visto un Gobierno que hubiera dimitido por saberse incompetente, ni que haya renunciado al trono un soberano por su propia decisión.

Conocemos, sin embargo, a una soberana que lo ha hecho. Es la rusa Angélica Balabanoff, colaboradora de Lenin y de Trotski, que formaba con estos dos el comisariado supremo de Rusia. Y cuando no pudo conformarse con los métodos de los bolcheviques, cuando vio que la corrupción entraba en los Soviets, se marchó de Moscú y abandonó su «trono», prefiriendo la vida sencilla y estrecha de una pobre emigrada en el extranjero.

Pero esta soberana, era una auténtica revolucionaria, con una única pasión dominadora, la pasión por la liberación de la clase proletaria.

Había nacido en un ambiente de burguesía bien situada, judía, en Rusia. Tenía una madre bastante despótica que perseguía con sus ataques de pasiones salvajes, de celos y de ira, de violencia y de dureza, no solamente a los criados y a los aldeanos, sino también a sus propios hijos, exceptuando únicamente a la más pequeña, Angélica. Pero ésta sentía con demasiada intensidad las diferencias y distinciones que hacía su madre, y se opuso a ellas. Tenía un afán tan ardiente de justicia, que sufría por todas las injusticias, aunque éstas la favorecieran. Luchó por procurarse una libertad personal en lo que se refería a su desarrollo intelectual, y bastante joven consiguió salir de su casa paterna, ir al extranjero y dedicarse a los estudios de la teoría socialista en la universidad de Bruselas en Bélgica. Estudió en Leipzig, Berlín, y por fin en Roma, donde trabajó con el catedrático Antonio Labriola, que le hizo una gran impresión.

Ya en su casa paterna, había estudiado, como todos los rusos cultos de entonces, el francés y el inglés, viviendo en Bruselas y en Alemania y más tarde en Alemania, aprendió a dominar también estos idiomas de tal manera, que ahora escribe sus poesías y sus obras, con igual maestría y habilidad, en ruso, francés, alemán, inglés e italiano. No solamente habla y escribe en esos idiomas, sino también sueña en ellos, y es en todos una excelente oradora con una influencia formidable en las masas. Siempre actuaba como intérprete y traductora en todos los congresos socialistas.

Cuando se decidió al trabajo propagandista y organizador entre los obreros italia-

nos, siguió a éstos, ocupados preferente-
mente en la construcción de ferrocarriles y
carreteras, a Austria y a Suiza, donde
vivían en condiciones vergonzosas, des-
preciados por los compañeros de trabajo y
por los explotadores porque su frugalidad
se contentaba con formas de existencia in-
tolerables para los obreros de los países
que los hospedaban y explotaban. Es uno
de los síntomas más vergonzosos en la clase proletaria, como en toda la raza humana, que los explotados y sufridos siempre
desprecian a los aún más explotados y más
sufridos que ellos. Los obreros austríacos
y suizos, cuya vida era bastante miserable a
consecuencia de la explotación capitalista,
no sentían ninguna solidaridad hacia estos
italianos, peones camineros que no tenían
ningún recurso en contra de la explotación de parte de los particulares y del Estado.

Entre estos obreros italianos en Suiza, trabajaban como organizadores socialistas hombres como Serapi, Della Valle, Angélica Balabanoff y... Benito Mussolini.

Si Angélica Balabanoff no fuera una personalidad tan interesante por su inteligencia, su energía, su bondad, su entusiasmo, y de un tan gran corazón maternal, a pesar de que nunca ha sido madre de un hijo propio, sería interesante para todos nosotros su relación íntima con personalidades tan distintas como son Lenin, Trotski y Mussolini.

Con este último colaboró durante muchos años en Suiza y en Italia, y lo que ella escribe sobre él en sus Memorias, es tan explícito, que vale la pena examinarlo con un poco más de detenimiento.

Dice de Mussolini que había nacido revolucionario: su padre era herrero y pertenecía a la Primera Internacional, de la que era un entusiasta. Para no hacer el servicio militar, huyó a Suiza y allí convivió con albañiles y artesanos socialistas, que compartían con él lo poco que tenían. Si en este ambiente Mussolini se hizo socialista, ya era en cierto sentido su primera traición, porque abandona la Primera Internacional, que es la del Anarquismo. Había aprendido el francés durante su permanencia en Suiza, y como tiene un espíritu débil y fácilmente influenciable, se había apropiado, con el idioma, la manera efectista y brillante de expresarse, que sabe esconder el poco sentido de las palabras.

Cuando dentro del Partido Socialista italiano surgieron luchas entre los grupos más reformistas y los maximalistas, Mussolini fue nombrado el director del periódico del Partido Maximalista, por carecer éste de elementos más apropiados. El mismo, conociendo su insuficiencia, pidió como condición precisa que la Balabanoff le ayudara en su obra de director. Tenía una responsabilidad que no quería asumir él solo y no dijo nada a la Balabanoff antes de la reunión de la Junta del Partido, por no darle tiempo a negarle su ayuda. Cuando se tenía que rechazar cualquier colaboración de otro miembro del Partido, Mussolini se escondía siempre, y dejaba a la Balabanoff el deber ingrato de explicar las razones al rechazado.

Cuando en la primavera del año 13 la Balabanoff tuvo que dar en el pueblo natal de Mussolini una conferencia sobre la «Comunne» de París, los republicanos de allí amenazaron con impedir el mitin.

Durante el discurso de Angélica, había una excitación tan grande en la concurrencia, que los partidos llegaron a puñetazos y puñaladas; ella continuó hablando, procurando calmar los ánimos, pero él perdió tanto el control de sí mismo, que llamó a los carabineros para que les acompañaran a la estación del ferrocarril. Y demostraba también su poco valor no saliendo nunca solo de la redacción, pidiendo a la Balabanoff, mujercita pequeña y delicada de salud, que le esperara y acompañara. Parece imposible imaginarse cosa más grotesca que el gran Benito Mussolini acompañado y guardado por la pequeña Angélica Balabanoff, perseguida ahora por él, en agradecimiento a todos los grandes servicios que ella le ha prestado en tiempos anteriores.

Angélica Balabanoff tenía en lugar de joyas y alhajas, como otras mujeres, la carta de Lenin en la cual le decía, después que ella se hubo decidido a separarse del Partido Bolchevique, que era una de las mejores y más auténticas comunistas que existían. Angélica Balabanoff vendió esta carta para ayudar, con el dinero que recibió de un coleccionista de autógrafos, a una familia italiana que sufría miseria por estar desterrada de su país.

Parece imposible encontrar un rasgo característico de más bondad y de más espíritu de sacrificio que éste. Es característico en esta luchadora contumaz y valerosa la bondad maternal que se preocupa de la salud física y moral de todos los niños que se le acercan. La hemos visto permitir a un niño de doce años, usar su tan apreciada máquina de escribir, su mejor amiga, como ella la llama, para copiar en ella trabajos de la gran socialista. Ella le llamaba «su secretario», lo que llenó de orgullo el corazón del pequeño. Pero también decía al niño que quería invitar cada día a las comidas, a un amigo suyo muy apreciado, al señor silencio. Y con esta broma sabía preparar al pequeño para que no la molestara, sin tener que regañarle.

Creemos que estos juegos con los niños, en una vida de tanto peligro y de tanta lucha, parece indicar más del carácter de la persona que otros hechos más grandes y actividades más importantes.

ALEJANDRA KOLONTAY

Nació en Rusia, hija de un general, hermana de altos militares que pertenecían a la «Guardia Negra», cuerpo de voluntarios de la alta aristocracia que se había formado para guardar la vida, siempre amenazada, del Zar ruso. Se dedicó a estudios socialistas, además de la excelente cultura general que recibía en su casa paterna.

Casada muy joven con otro general ruso, se abandonó mucho más a sus inclinaciones revolucionarias, y por fin se formó causa contra ella, a pesar de su posición social. Fue condenada a la «catorga perpetua», lo que quiere decir, al trabajo forzado en las minas de Siberia y que es un equivalente a la condena a muerte.

Tal vez la ayudaron sus relaciones sociales, tal vez tuvo ella la suerte que no tenían otros condenados en Rusia, que pudo huir.

Con pasaporte falso, se encontró en la estación del ferrocarril de la frontera de Rusia y Alemania, Wirkbalen. En esta estación había gigantescas rejas de hierro que cerraban el andén cuando llegaba el tren de Rusia a Alemania y cuando llegaba el de Alemania a Rusia, hasta que estaban cumplidas todas las formalidades de revisión de pasaportes y aduanas. Más de una vez nos ha contado la Kolontay su estado de ánimo entre las dos rejas, mientras que los policías uniformados y secretas se paseaban entre los pasajeros, observándoles y apresándolos si les parecían sospechosos. Nos decía cómo siempre esperaba sentir la mano de un oficial sobre su hombro, deteniéndola y entregándola a las autoridades para reintegrarla a su cárcel y desde allí al cadalso.

Decía que esta media hora le había parecido un año, hasta que se cerraron las rejas del lado de Rusia y se abrieron las que permitían subir al tren alemán.

Vivió como refugiada en Berlín, en un arrabal de los más hermosos de la ciudad. Había tenido que abandonar a su único hijo, que se quedó con su padre y con una vieja nodriza que sabía educarlo tan bien en el mismo sentido que lo hubiera hecho su madre, que ella, a pesar de sentir nostalgia muchas veces, no temía nunca que el ambiente que rodeaba al niño pudiera influir perjudicialmente en el carácter de éste.

A pesar de las restricciones necesarias para no despertar la desconfianza de la policía prusiana, que más de una vez había devuelto refugiados rusos a su país, persiguiéndoles por cualquier pretexto, la Kolontay se dedicaba a trabajos de propa-

ganda y teóricos, y como era una excelente
oradora, a pesar de tener que expresarse en
un idioma extranjero, su fama como propagandista era muy grande. Hacía también viajes de propaganda por toda la
Europa Occidental y tenía relaciones con
todos los revolucionarios conocidos. Especialmente, con Carlos Liebknecht y Rosa
Luxemburg —los dos víctimas del fascismo alemán, o mejor dicho, del naciona-
lismo alemán, antes que existiera
oficialmente el fascismo— tenía una amistad íntima.

Al principio de la Guerra Europea, en el
año 14, la Kolontay se encontraba en
Berlín, y la policía prusiana cambió completamente su trato para con ella: la envia-
ban agentes secretos, pedían su opinión
sobre los que podían ser o no espías, y trataban de ganarla como colaboradora para
suscitar una revolución contra el Zar en
Rusia.

Era divertido ver durante la Guerra Europea cómo Alemania, tan imperialista, favorecía a los revolucionarios rusos. Naturalmente, hasta un cierto punto, y solamente bajo la condición de que no provocarían una revolución en la misma Alemania. La Kolontay pronto se marchó de Alemania para vivir durante unos cuantos años en Escandinavia, y volver el 17 a Rusia, cuando se hubo declarado allí la Revolución.

Se dedicaba principalmente a la organización de las mujeres, a despertar en ellas el espíritu revolucionario, y la comprensión para las verdaderas necesidades de su sexo.

Proclamaba el amor libre en un sentido mucho más libre que hasta entonces lo habían comprendido los revolucionarios. Atacaba el despotismo íntimo de la vida familiar, como el de la vida sexual, que ejercen los hombres sobre las mujeres.

Trataba de distinguir muy exactamente el amor y las relaciones sexuales. Sostenía que éstas eran meramente físicas, necesidades sentidas igualmente por hombres y mujeres, no distintas de las necesidades de comer y descansar. Pero según su opinión, el amor es una cosa muy diferente y absolutamente distinta y separada de toda relación sexual. Amor se puede sentir, según ella, por personas a quienes nunca se ha visto, o por héroes de novelas. Y luchaba contra la mentira, tan generalizada, de que la satisfacción sexual sin amor es síntoma de una perversión moral —especialmente, cuando se trata de una mujer, porque para los hombres esta satisfacción carnal sin amor no representa ninguna vergüenza—. La doble moral que reina, aun entre revolucionarios, en lo que se refiere a la sexualidad femenina y masculina ha sido objeto de su lucha vehemente y fogosa.

Y luchaba no solamente en teoría, sino con el valor de vivir sus teorías, lo que asustaba a muchos de sus compañeros revolucionarios.

Es una mujer tan simpática, tan encantadora —a pesar de que ya ha llegado a una edad muy adelantada—, tan insinuante, y sabe tratar tan bien a la gente, que los Soviets supieron muy bien lo que hacían escogiéndola como embajadora para los diferentes países escandinavos y, durante casi un año, para Méjico. Allí no pudo quedarse más tiempo porque su salud debilitada por todas las vicisitudes de su vida, no podía resistir el clima. Estaba siempre rodeada, y probablemente lo está también hoy, de jóvenes de ambos sexos, a los cuales demuestra un interés maternal por todos los asuntos y complicaciones de sus vidas. En medio de sus trabajos profundos y agotadores, siempre sabía procurarse una hora libre para dedicarla a sus jóvenes amigos, para invitarles al teatro o al cinema, para ir con ellos a un café.

Comprendía tan bien lo que podía alegrar a la juventud y se regocijaba tanto en darles alegría, comprensión y consejos discretos y oportunos, que demostraba con esto la profunda maternidad que vivía en esta mujer revolucionaria sin compromisos, valiente y enérgica.

LILI
BRAUN

Era hija de un general prusiano. Rebelde desde su infancia contra las tradiciones de la nobleza prusiana, sentía en sí algo de la sangre corsa, pues era bisnieta ilegítima de un hermano de Napoleón Bonaparte. Avanzó con lentos y seguros pasos, desde la tradición militar de su casa, hasta el socialismo marxista, revolucionario todavía en aquel entonces.

Era la época de la represión violenta por Bismarck y, más tarde, por el emperador Guillermo II.

Era una mujer hermosísima, que impresionaba por su majestuosidad. Después de haber tenido un doloroso desengaño en su apasionado amor hacia un príncipe real, rehusó a todos los pretendientes, para acabar casándose por fin con un hombre excepcionalmente inteligente y bueno, pero paralítico. Era una vida matrimonial basada desde el principio en el conocimiento exacto por las dos partes de que la realización completa del cariño mutuo no sería posible o tendría por consecuencia la muerte del enfermo.

El primer marido de Lili Braun era un sabio de una inteligencia y bondad tan excepcionales como la tragedia de su vida. Nadie conoció a von Gyzick sin admirarle, respetarle y quererle. Raramente se ha visto un enfermo que soportara sus sufrimientos y las privaciones crueles de su vida de paralítico con serenidad y superioridad tan absoluta. Nunca se quejaba. Nunca hablaba de sí mismo. Siempre estaba lleno de interés por los demás, y era un escritor ético de bastante valor.

Pero un día el cariño mutuo de estas dos personalidades excepcionales se transformó en pasión y ésta tuvo la consecuencia nefasta ya prevista de antemano.

La viuda, que por la influencia del muerto había entrado en los círculos socialistas, trabó una amistad íntima con Enrique Braun y su mujer gravemente enferma, a la que la viuda cuidaba.

En este cuidado, la amistad política e intelectual entre el socialista Braun y la hija del general, aún más hermosa por sus sufrimientos, se transformó en pasión, tan comprensible, debido a que ambas partes, personalidades fuertes, con vida intensa, habían vivido durante años en un ayuno forzoso debido a las enfermedades de sus respectivos compañeros legales.

Enrique Braun se divorció de su mujer y se casó inmediatamente con Lili Braun, que pronto dio a luz un hijo, tan excepcionalmente talentoso que parecía un verdadero prodigio. Cayó en la Guerra Europea a los 19 años, pocos meses después de la muerte de su madre.

El Partido Socialista alemán juzgó muy severamente la unión del matrimonio Braun. La primera mujer divorciada había sido hermana de uno de los más destacados de los guías de los socialdemócratas austríacos. No sabían distinguir entre lo personal y lo real. Excluyeron a Lili Braun del Comité ejecutivo, a pesar de que su personalidad como propagandista era de la más gran utilidad e importancia, tomando por excusa una diferencia en el juicio sobre los caminos de la política, pero en realidad condenando a la sucesora de Emma Braun.

Lili Braun dedicó su vida a trabajos literarios de bastante importancia, y fuera del Partido Socialdemócrata trabajó como verdadera socialista sin restricciones por la disciplina del Partido. Publicó, entre otros libros, sus propias Memorias, libro de gran importancia para el conocimiento del desarrollo político de Alemania, a pesar de que también en estas Memorias de una Socialista la vanidad de autora nos hace echar de menos la objetividad. Y se dedicó a la educación de su único hijo, tan prodigioso como hemos dicho.

Las privaciones de la Gran Guerra y sus excitaciones, los dolores de la madre que sabía a su único hijo expuesto a todos los peligros de aquella gran matanza, la mataron a ella antes de tiempo.

Tal vez fue la más grande felicidad en esta vida, movida y pasional, que la muerte la venciera antes que su hijo cayera. Se ahorraba este dolor, el más cruel de todos.

Las épocas que sucedieron a la Gran Guerra y sus cambios han borrado la imagen de Lili Braun, pero entre las mujeres revolucionarias, promotoras de nuevas formas de vida y de nuevas ideas progresistas, tiene ella un lugar en primera línea.

ISADORA DUNCAN

Nació en S. Francisco, en los Estados Unidos, a principios del 80 del siglo pasado. Su niñez y primera juventud fue rica en vicisitudes, luchas y sufrimientos, de los cuales da cuenta exacta en sus *Memorias*, publicadas después de su muerte. Pertenecía a una familia de artistas; la madre, buena virtuosa de la Música, ganaba su vida y la de sus hijos, tocando en las familias ricas, para las clases de baile.

La hija mayor, hermana de Isadora, pronto la ayudó en el sostenimiento de la familia, dando clases de baile y trabajando más allá de sus fuerzas, pero inspirando en su obra educativa a su hermana menor, que era su mejor discípula.

Isadora aprendió a danzar por su hermana, y aprendió a comprender y sentir la Música, por su madre. Por su hermano mayor fue introducida en la literatura clásica inglesa, porque el joven se preparaba para la carrera de actor.

Las ideas de Isadora, ya en una edad muy precoz, eran de revolucionar el baile. Por sus propias experiencias en las diferentes compañías de teatro, y por lo que veía en los salones públicos de baile, comprendió que lo que entonces y hoy se llama bailar no es otra cosa que una preparación para la prostitución.

Le infundía asco ver, como ella misma lo expresaba, estos actos de coito no acabados que a su juicio representaban los bailes de sociedad, en los cuales, macho y hembra se abrazan, se excitan y en el momento culminante de la excitación se separan sin que haya satisfacción alguna, por ninguna de ambas partes.

Isadora creía en la posibilidad de divulgar una clase de baile que más bien se podía llamar danza. Quería desarrollar el espíritu de la gente, que llegaran todos a expresar por gestos y movimientos el contenido musical y sentimental de cada pieza de música, de cada composición.

Joven e idealista estaba convencida de que no hacía falta más que explicar sus ideas a la gente y mostrar sus danzas al público, para entusiasmar a todos y hacerles comprender las nuevas perspectivas, amplias, culturales y humanas, artísticas e higiénicas, que estos nuevos bailes darían a la Humanidad. Aprendió en luchas crueles, materiales y artísticas, lucha de mujer y de organizadora, cuán difícil era hacer comprender al público su propio arte, y que era casi imposible entusiasmar más que a unos pocos con sus teorías.

Había encontrado en las esculturas griegas y en las pinturas egipcias los ideales de movimiento que ella trataba de reavivar en los tiempos modernos. Y tenía que enfrentarse con los prejuicios estrechos, hipócritas y puritanos de la sociedad de casi todos los países del Mundo que se sentía ofendida en su pudor contemplando a una mujer descalza que se movía con brío y belleza en la escena. Había momentos verdaderamente vergonzosos para las personas comprensivas y entusiasmadas del arte de la gran revolucionaria de la danza, cuando la gente «bien» y la alta aristocracia de los países europeos se escandalizaban viendo a esta joven hermosa, inteligente y tan superior a todos ellos, en las exhibiciones de su arte.

Como en el arte, era también revolucionaria en los conceptos generales sobre la posición de la mujer en la vida sexual y erótica. Pedía para la mujer, con toda franqueza, los mismos derechos de elección y la misma libertad sexual que en realidad tenían los hombres, a pesar de que hipócritamente se tratara de ocultarlos. La sinceridad en todo era la nota principal de todas sus luchas; del mismo modo que llevaba en sus danzas trajes griegos, que a pesar de cubrirlo todo, no escondían nada de las formas del cuerpo y mostraba sus piernas desnudas, movidas y expresivas, así quería también expresar todas las sensaciones del corazón femenino, en gesto, palabra y acto.

Tuvo tres hijos, de dos hombres, sin haber estado casada «oficialmente». Fue la tragedia de su vida el perder a estos hijos en desgraciados accidentes. Los dos primeros repentinamente, ahogándose en el Sena, al

cual cayó el coche con ellos y su institu-
triz, y el tercero a consecuencia de las trá-
gicas impresiones de la Guerra Europea,
que estalló poco antes de dar a luz Isadora
por tercera vez.

Desde estas pérdidas, Isadora sufría depre-
siones anímicas tan graves que ni siquiera
la Revolución rusa, saludada por ella de
manera entusiasta, podía superar completamente sus ataques de melancolía.

En Rusia, donde la Revolución y sus promotores, parecían comprenderla, le orga-
nizaron su tercera o cuarta escuela, y allí se
unió por última vez, con el gran poeta revolucionario ruso Yesenyn, que sufría de la
terrible enfermedad del alcoholismo. En
sus ataques de embriaguez, maltrataba Yesenyn física y moralmente a la que le ado-
raba y con una humildad casi repugnante
sufría sus brutalidades. El desgraciado

poeta acabó suicidándose. Isadora, ya llegada al límite de su juventud, buscaba la muerte y por fin la encontró en un accidente horroroso, del cual nadie puede decir si era voluntario o no.

Se estranguló con su chal al prenderse éste en la rueda del coche de carreras.

Así acabó, de manera extraordinaria y emocionante, una vida excepcional de mujer.

MSR. PANK-HURST

Al final del siglo pasado, las mujeres burguesas de la Europa Occidental, empezaron a darse cuenta de la injusticia con que las leyes de los Estados las trataban y se rebelaron contra las restricciones, en el aspecto cultural, en el social y en el familiar.

Frente a la familia, las mujeres inteligentes usaban las armas del oprimido: la astucia y la lisonja, para superar la preponderancia del hombre. En sentido cultural, las mujeres se procuraron medios de enseñanza: fundaron colegios especiales, preparaban a las jóvenes para el bachillerato, y cuando ya una cantidad de estudiantes femeninos hubieron demostrado poseer los conocimientos necesarios para los estudios universitarios, las universidades tuvieron que abrir a las mujeres sus aulas, en las que todavía tenían y daban la impresión de ser algo extraordinario, algo extraño, y ajeno al sexo femenino. En todo esto las mujeres mismas podían cuidarse de sus propios intereses y podían lograr la posición a que aspiraban.

Pero en el aspecto social, la mujer sola no podía alcanzar nada. Las épocas del matriarcado pertenecían a un período casi prehistórico, y estaban completamente olvidadas. Las religiones cristianas, a pesar de haber constituido una especie de divinidad maternal en María, la madre de Cristo, habían, sin embargo, mantenido a la mujer en su opresión oriental y a pesar de que la situación de la sociedad, organizada por los hombres, no les daba motivo para estar muy orgullosos, el sexo viril vigilaba celosamente la intangibilidad de sus prerrogativas. La frase fatal del apóstol Pablo —la mujer tenía que callarse en la Iglesia— regía en toda su extensión en la política moderna y resultaba bastante extraño que también los partidos que más luchaban contra la Iglesia, aceptaran, sin embargo, aquel veredicto.

La Revolución francesa, generadora del nuevo orden burgués, había proclamado los derechos humanos, pero resultaba que en estos derechos humanos, estaban comprendidas las mujeres y, sin embargo, el nuevo orden político, que dio los derechos al tercer Estado, no los dio a las mujeres del mismo.

Por eso, las mujeres burguesas comenzaron a proclamar y pedir los derechos de votación. Y los partidos revolucionarios, aun los que no confiaban en la votación y en los resultados de las elecciones, aprovecharon esta lucha de unas cuantas mujeres avanzadas y revolucionarias.

Se dieron conferencias en todas las capitales sobre este tema, se fundaron sociedades para el voto femenino y, por fin, se fundó una Liga internacional en el año 1902.

En ningún país se luchó con tanta intensidad, con tanta energía y tan apasionadamente por el voto de la mujer, como en Inglaterra. Allí, las sufragistas (así se llamaba a las luchadoras por el voto), a pesar de que no eran anarquistas ni mucho menos, hacían uso de la acción directa. Ya dando tanta importancia al voto, demostraban que no eran anarquistas, pero en sus acciones directas alcanzaban una importancia revolucionaria bastante grande.

La más conocida entre ellas, la más enérgica y atrevida, la más indomable, era Mrs. Pankhurst, mujer inglesa burguesa, con toda aquella rigidez y formalidad características de la mujer «bien» en Inglaterra. Por eso era tan extraño y tan incomprensible para las autoridades inglesas el hecho de que esta mujer asaltara personalmente a los ministros ingleses, forzara su entrada en el Parlamento, insultara de la manera más grosera a los diputados que se oponían a su entrada y, más de una vez, diera el espectáculo público de no retirarse ante las autoridades, sino que se dejaba arrastrar por ellas a la fuerza.

Ya se podía ver y ya se había visto de vez en cuando que en los *slums* —los barrios de la más grande miseria y abyección de Londres— mujeres borrachas, haraposas y fuera de sí mismas, habían tenido que ser conducidas por la fuerza por los policías a la cárcel; pero que mujeres bien vestidas y bien educadas, sin ningún síntoma de embriaguez, tuvieran que ser conducidas violentamente, nunca se había visto en la tan almidonada Inglaterra.

En un país donde la buena educación prohíbe demostrar la más mínima excitación y que con normas austeras fuerza a los mismos niños a evitar toda exteriorización de sus sensaciones, tales actuaciones de una mujer hacían más efecto que hubieran hecho en un país meridional donde la expansión personal parece lo normal.

Mrs. Pankhurst sufrió, en su lucha por el voto de la mujer, más de una detención, y tuvo que permanecer mucho tiempo en las cárceles inglesas. Sus hijas, escritoras

conocidas en Inglaterra, apoyaron y conti-
nuaron su lucha.

Sin embargo, el voto femenino no fue
concedido hasta después de la Guerra Europea, sin que, por otra parte, podamos
decir que este voto femenino haya opera-
do, hasta el presente, cambios importantes en el aspecto social. Hasta ahora, la
mujer no vota en sentido femenino, sino
únicamente al servicio de los partidos
políticos que han sabido captarla. Por lo
demás el interés únicamente femenino
tampoco puede existir: las luchas sociales
y los problemas de clases no pueden encontrar una solución unilateral; ni los
hombres ni las mujeres sabrán solucionar-
los; solamente el género humano en con-
junto, colaborando mujeres y hombres, en
términos de igualdad, acabarán la gran
obra de la liberación social y de la justicia
universal.

EMMA GOLDMAN

Nació en Rusia, fue educada en Alemania, pasó su primera juventud en Rusia y emigró desde allí a los EE. UU. a los dieciséis o diecisiete años.

El proceso contra los anarquistas de Chicago hizo una impresión tan honda en ella, que se separó de su familia, se fue a Nueva York y buscó relación con los anarquistas revolucionarios.

En sus *Memorias*, cuenta con todo detalle, cómo casi el primer revolucionario que encontró en el nuevo ambiente, fue Alejandro Berkman, ruso también, con el cual la unió una íntima amistad, hasta la muerte de éste.

Berkman había cometido un atentado en el año 1892 contra un Mr. Frick, director de las obras de Carnegie en Pittsburg y Homestead cuando este Frick había enviado los policías particulares que existen en los EE. UU. contra los obreros en huelga.

La represión de esta huelga costó muchas víctimas, y Berkman y su amiga Emma Goldman, estaban tan horrorizados por la crueldad de los crímenes cometidos por la policía y el ejército, que quisieron despertar la atención del pueblo entero, y Berkman cometió el atentado, frustrado, a causa del cual fue condenado con una severidad casi inconcebible, a veintidós años de presidio. Para ser indultado después de catorce años.

Esta condena hizo una impresión aún más grande en Emma Goldman que lo habían hecho las víctimas de Chicago. Hizo todo lo que pudo por procurarse medios para apoyar a Berkman y para aliviar su trágico destino. Es emocionante leer en las memorias de Emma Goldman, publicadas en inglés bajo el título *Viviendo mi vida*, cuántos ensayos hizo para procurarse dinero y cómo sus esfuerzos siempre se veían defraudados por la oposición y el miedo que todos los patronos tenían a la «Emma roja», ya conocida como propagandista anarquista. En su desesperación hizo un ensayo, más trágico que ninguno, de venderse a sí misma, pero su pudor y timidez innatos se lo impidieron.

Ella misma cuenta cómo un hombre de edad le regaló 50 dólares, y le aconsejó dejar aquella carrera, para la cual le faltaba toda predisposición natural.

Desde la condena de Berkman, empezó la lucha mortal que sostuvo Emma Goldman durante toda una vida, contra las autoridades de los EE. UU. Y no falta el humor en esta lucha trágica cuando ella explica cómo casi siempre sabía frustrar las actividades de las autoridades dirigidas contra ella. Leyes fueron divulgadas contra ella, y ella supo deshacerlas. Vivía bajo todas las condiciones posibles: como obrera, como escritora, como propagandista, como conferenciante, en la cárcel, entre prostitutas, como amiga de hombres de gran influencia, en casas ricas y elegantes, en prisión preventiva bajo tercer grado, como se llama la tortura moderna de los EE. UU.

Fue compañera y querida por muchos hombres. Siempre vivía su vida y realizaba sus más profundas añoranzas: ser mujer y ser revolucionaria.

En la Gran Guerra tuvo que entrar otra vez en la cárcel por haber hecho propaganda contra la guerra. Había tenido un profundo dolor al perder un sobrino que no tuvo la fuerza de resistir a la opinión pública y salió como soldado «voluntario» forzado.

Fue deportada, después de haber estado un año en la cárcel, a Rusia, junto con Berkman y con muchos otros revolucionarios rusos, bajo condiciones fantásticas y aventuradas; el buque en el cual estuvieron los deportados, iba en tan malas condiciones, que la misma tripulación estaba segura de que no podría resistir el viaje y se hundiría y lo acompañaban dos buques de guerra, para recoger los tripulantes y guardias; a los deportados no había por qué salvarles.

La tripulación y los soldados estaban dispuestos a sublevarse y entregar el mando del buque al deportado Berkman, que tuvo que hacer todos los esfuerzos para disuadirlos. No supieron hasta su llegada si serían entregados al poder de los blancos, o si su deportación terminaría entre los rojos. Ocurrió esto último. Emma Goldman y Berkman fueron recibidos con todas las simpatías y honores de parte de los revolucionarios en Rusia, pero pudieron no conformarse con los métodos de los Soviets. Después de la catástrofe del Cronstandt cuando los marinos revolucionarios fueron aplastados, hundidos sus barcos a cañonazos por voluntad de Trotsky, se marcharon de Rusia, a pesar de todas las dificultades y de las persecuciones de que eran objeto.

Emma Goldman publicó un libro contra los Soviets y explica extensamente en sus *Memorias* lo que más la disgustó allí.

Perseguida en todos los países como anarquista rusa, se casó por fin con un minero
inglés para obtener la nacionalidad inglesa
y poder continuar con su propaganda
anarquista en los diferentes países que antes le negaban la entrada.

Volvió a los EE. UU. para dar allí una se-
rie de conferencias y tomó parte activa en
la lucha de la Revolución española, después del 19 de julio del 1936. Continúa
en la actualidad en sus trabajos de propaganda en pro de la Revolución española,
que admira y ve en ella la realización de
sus deseos y sueños de juventud.

ESTEL NEGRE
COL·LECCIÓ

LLUM I FOSCOR

TÍTOLS PUBLICATS

CALUMNIA

Mujeres de las revoluciones
de ETTA FEDERN

se publicó el día 10 de noviembre de 2025